Franklin und sein Haustier

Deutsche Erstausgabe mit Genehmigung der Kids Can Press Ltd., Toronto, Ontario, Kanada.
Lizenz durch: EL Euro Lizenzen, Herzogspitalstr. 3, D-80331 München

Titel der Originalausgabe: Franklin Wants a Pet

Übersetzung: Anna Loll, Köln
Redaktion und Satz: Lesezeichen Verlagsdienste, Köln
Printed in Germany
ISBN 3-8118-1634-9

Franklin und sein Haustier

Paulette Bourgeois
Brenda Clark

MOEWIG

FRANKLIN kann bis zehn zählen und eine Schleife binden. Er traut sich, alleine in seinem kleinen, dunklen Panzer zu schlafen. Und er hat auch einen allerbesten Freund, und das ist Bär. Aber Franklin fehlt noch etwas. Er möchte ein Haustier haben.

Franklin hat sich schon immer ein Haustier gewünscht. Aber jedesmal, wenn er gefragt hat „Kann ich bitte ein Haustier haben?“, haben seine Eltern geantwortet: „Ja, gewiss. Irgendwann.“

Franklin wartet nun schon sehr lange. Oft tut er so, als habe er ein Haustier. Dann nimmt er seinen Stoffhund Sam und geht mit ihm spazieren. Er bringt Sam auch ein paar Tricks bei und er hilft ihm sogar dabei, Knochen zu vergraben.
Aber Sam ist eben kein richtiger Hund.

Eines Tages fragt Franklin seine Eltern wieder: „Kann ich bitte ein Haustier haben?“

Franklins Eltern schauen einander an.

„Nun, wir denken darüber nach“, antworten sie.

Franklin freut sich, weil sie nicht gleich *Nein* gesagt haben. Aber dann macht er sich Sorgen, denn seine Eltern können oft tagelang über etwas nachdenken.

Am Nachmittag geht Franklin zu Bär und erzählt ihm alles über sein Lieblingshaustier.

„Wenn ich mir ein Haustier wünschen könnte, würde ich einen Vogel nehmen“, sagt Bär.

„Wieso?“, will Franklin wissen.

„Weil Vögel so schön singen können“, antwortet Bär.

„Vögel sind ganz nett“, gibt Franklin zu, „aber von dem lauten Gepiepse könnte ich morgens zu früh geweckt werden.“

Franklin wartet noch bis zum nächsten Morgen, dann fragt er, ob sie eine Entscheidung getroffen hätten.

„Noch nicht“, sagt Franklins Mutter. „Wir müssen sicher sein, dass du dich auch alleine um ein Tier kümmern kannst.“

Franklin nickt heftig.

„Könntest du das Haustier denn auch füttern?“, fragt Franklins Vater.

Franklin nickt wieder. Er sagt immer wieder „Bitte, bitte!“ und schaut seine Eltern dabei flehend an.

Am Nachmittag geht Franklin zu Biber und erzählt auch ihr alles über sein Lieblingshaustier.

„Wenn ich mir ein Haustier wünschen könnte, würde ich eine Katze nehmen", sagt Biber.

„Wieso?", will Franklin wissen.

„Weil Katzen schnurren können", antwortet sie.

„Katzen sind ganz nett", gibt Franklin zu, „aber man weiß nie, wo sie gerade sind."

Am Abend fragt Franklin seine Eltern noch einmal: „Seid ihr jetzt fertig mit Nachdenken?“

„Noch nicht“, antworten die beiden.

„Bitte beeilt euch ein bisschen“, quengelt Franklin.

Franklins Vater seufzt. „Das ist eine schwerwiegende Entscheidung. Ein Haustier kostet Geld, wenn man es kauft, und sein Futter kostet auch Geld.“

Franklin holt sein Sparschwein und schüttet sein Geld auf den Tisch. Er hofft, dass das genügen wird.

Nachdem er sein Geld gezählt hat, geht Franklin zu Gans und erzählt auch ihr alles über sein Lieblingshaustier.

„Wenn ich mir ein Haustier wünschen könnte, würde ich ein Kaninchen nehmen“, sagt Gans.

„Wieso?“, will Franklin wissen.

„Weil ihre Barthaare so lustig wackeln“, antwortet sie.

„Kaninchen sind ganz nett“, gibt Franklin zu, „aber ich glaube, dass die Barthaare mich an der Nase kitzeln würden. Und dann muss ich niesen.“

Nach drei weiteren, langen Tagen will Franklin nicht mehr warten, bis seine Eltern endlich fertig sind mit Nachdenken. Er hat einen Plan.

Franklin bringt Sam mit an den Frühstückstisch. „Seht mal“, fängt er an, „nun kümmere ich mich so lange Zeit um Sam, und um ein richtiges Haustier würde ich mich auch gut kümmern. Ich werde es füttern, ich werde seinen Stall sauber halten, und wenn es krank ist, bringen wir es zum Tierarzt.“

Franklins Eltern lächeln. „Es scheint, als hättest du dir auch viele Gedanken gemacht“, sagt Franklins Vater.

„Kann ich denn nun ein Haustier haben?“, bettelt Franklin.

Seine Eltern tuscheln miteinander. Dann nicken sie.

„Oh, vielen, vielen Dank!“, freut sich Franklin und will gleich in die Tierhandlung gehen.

„Morgen werden wir zusammen einen Welpen für dich aussuchen“, sagt sein Vater.

„Nein, nein, vielen Dank“, sagt Franklin, „aber ich möchte keinen Hund.“

Seine Eltern sind völlig überrascht.

„Hunde sind ganz nett“, sagt Franklin, „aber ich möchte ein ruhiges Haustier.“

Also fragt Franklins Mutter, ob er sich denn ein Kätzchen wünscht.

„Nein, danke“, sagt Franklin wieder. „Kätzchen sind auch ganz nett, aber ich möchte ein Tier, das schön in meiner Nähe bleibt.“

„Hast du vielleicht an einen Hamster gedacht?“, fragt Franklins Vater.

Franklin schüttelt abermals den Kopf. „Nein, auch nicht.“

„Dann ein Kaninchen?“, rät Franklins Mutter.

„Nein, kein Kaninchen“, sagt Franklin.

„Was für ein Haustier möchtest du denn nun?“, wollen beide Eltern wissen.

Franklin grinst und sagt geheimnisvoll: „Das zeige ich euch morgen.“

In der Tierhandlung geht Franklin zu den Aquarien und zeigt auf einen Fisch.

„Ich will einen Goldfisch", sagt er.

„Einen Goldfisch?", fragt Franklins Vater erstaunt. „Warum? Einem Fisch kannst du doch keine Tricks beibringen und er kann auch nicht mit dir spielen."

Eltern muss man aber auch immer alles erklären, denkt Franklin. Er sieht eben gerne zu, wie Fische im Kreis schwimmen. Zudem mag er ihre wunderbaren, schillernden Farben. Und Fische machen ihn ganz friedlich und ruhig.

„Und außerdem", ergänzt Franklin, „ich liebe Goldfische."

„Das ist der überzeugendste Grund von allen", sagt Franklins Mutter.

Franklin nennt seinen Goldfisch Goldie und er kümmert sich so gut um ihn, wie er es versprochen hat.

TIER
TIER-
HANDLUNG

Jeden Morgen beobachtet Franklin, wie Goldie in seinem Glas umherschwimmt.

Und jeden Abend, bevor er zu Bett geht, gibt er ihm einen dicken Fischkuss und flüstert: „Ich hab dich lieb, Goldie.“